AF362382

TRAITÉ

DE LA

CONFECTION DES LOIS.

IMPRIMERIE D'AD. ÉVERAT et C
rue du Cadran, n. 14 et 16.

TRAITÉ

DE LA

CONFECTION DES LOIS,

OU

EXAMEN RAISONNÉ

DES RÈGLEMENTS SUIVIS PAR LES ASSEMBLÉES LÉGISLATIVES
FRANÇAISES, COMPARÉS AUX FORMES PARLEMENTAIRES DE
L'ANGLETERRE, DES ÉTATS-UNIS, DE LA BELGIQUE,
DE L'ESPAGNE, DE LA SUISSE, ETC. ;

PAR

PH. VALETTE,

Avocat à la Cour Royale de Paris,
Secrétaire de la Présidence de la Chambre des Députés

ET

BENAT SAINT-MARSY.

Avocat à la Cour Royale de Paris.

DEUXIÈME TIRAGE,

AUGMENTÉ DU RÈGLEMENT DE LA CHAMBRE DES DÉPUTÉS, DU 28 JANVIER 1839,
AVEC ANNOTATIONS ET COMMENTAIRES.

L'excellence des lois dépend surtout du
soin apporté à l'élaboration des projets.
La rédaction des lois constitue une
grande partie de leur force.
Le président DUPIN.

PARIS.

JOUBERT, LIBRAIRE-ÉDITEUR,
14, RUE DES GRÈS.
—
1839.

APPENDICE

AU

TRAITÉ DE LA CONFECTION DES LOIS.

RÈGLEMENT

DE LA

CHAMBRE DES DÉPUTÉS,

du 28 janvier 1839,

AVEC ANNOTATIONS ET COMMENTAIRES.

EXPLICATION

DES SIGNES ET RENVOIS.

La conférence des articles du règlement est indiquée par un renvoi entre parenthèses, placé à la suite de chacun des articles.

Les dates de séances qui n'indiquent ni le mois ni l'année se rapportent au mois de janvier 1839, durant lequel la chambre a discuté son règlement.

T. C. L. p. 225, renvoie au *Traité de la Confection des Lois*, page 225.

Le signe = est placé devant les résumés de la discussion.

Le signe — est placé devant les précédents cités.

AVERTISSEMENT.

Dans la première session de 1839, et peu de temps après la publication du *Traité de la Confection des Lois,* la chambre des Députés a procédé à une révision complète de son règlement. Cette révision n'a introduit, il est vrai, qu'un petit nombre de modifications, mais elles étaient assez importantes pour nous imposer le devoir de mettre notre travail primitif en harmonie avec les règles nouvelles que la chambre venait d'adopter dans ses travaux.

Nous avons cherché une forme qui nous permît d'établir une corrélation entre le règlement nouveau et le *Traité* dans lequel nous avions essayé d'expliquer les princip es du droit parlementaire, et de reproduire quelques précédents utiles ; nous n'avons pu en trouver une plus convenable que celle que nous avons suivie.

Cette forme, se conciliant avec notre premier travail, nous a permis de renfermer dans un cadre restreint tout ce qui pouvait être utile comme explication ou commentaire, et d'éviter toute répétition superflue.

Ainsi, à la suite de chaque article du nouveau règlement, nous établissons une conférence de tous les textes dont il se compose ; nous reproduisons, de la discussion à laquelle s'est livrée la chambre, tout ce qui nous a paru être une explication des dispositions adoptées ; nous rattachons ensuite à chacun de ces articles tous les précédents établis depuis 1830, qui pourraient être encore invoqués comme règles des débats parlementaires ; enfin, suivant la nécessité, nous renvoyons aux diverses parties du *Traité de la Confection des Lois* dans lesquelles nous avons discuté ou examiné les dispositions du nouveau règlement. Ces renvois établissent ainsi, entre le règlement et le *Traité*, un rapport qui peut être considéré comme le complément de ce dernier ouvrage.

Nous n'avons cherché, dans ce nouveau travail, qu'un mérite d'ordre et de clarté qui pût le rendre utile ; nous nous sommes abstenus de tous développements qui nous eussent fait sortir du cadre qui nous était imposé. Puissent nos efforts atteindre au but que nous nous sommes proposé : d'aider à la pratique du droit parlementaire, de ce droit qui, comme l'a dit M. O. Barrot, dans la discussion, tend à réaliser l'œuvre la plus élevée et la plus importante de l'intelligence humaine.

ORDRE DE LA DISCUSSION OUVERTE SUR LA RÉVISION DU RÈGLEMENT.

Durant la session de 1838, M. Larabit fit une proposition tendant à ce qu'il fût nommé une commission chargée de proposer à la chambre les modifications à introduire dans son règlement. Cette proposition, lue à la séance du 29 janvier 1838, fut développée par son auteur le 30, et prise en considération le 31 suivant. Elle fut renvoyée à l'examen d'une commission composée de MM. Gaillard de Kerbertin, d'Hérambault, Mottet, Vivien, de Magnoncour, Dupin, Larabit, Étienne, Fulchiron. — M. Vivien, nommé rapporteur, présenta son rapport à la séance du 2 avril 1838, mais les travaux de la session ne permirent pas d'en ouvrir alors la discussion.

A la session de 1839, cette proposition, ainsi restée à l'état de rapport, fut reprise le 10 janvier 1839, sur la demande de M. Vivien. La discussion fut ouverte à la séance du 21 janvier suivant, et continua sans interruption jusqu'à la séance du 28 janvier. — Après un vote de détail sur chacun des articles proposés ou reproduits de l'ancien règlement, la chambre a adopté les modifications par un vote d'ensemble exprimé par assis et levé.

Membres qui ont pris part à la discussion.

MM.	MM.
Barillon.	Laborde (de).
Barrot,	Lacave-Laplagne.
Bignon,	Lacrosse.
Chasseloup-Laubat (de).	Lagrange (de).
Corne.	Larabit.
Demarçay.	Legentil.
Deslongrais.	Lepelletier d'Aunay.
Desmousseaux de Givré.	Leyraud.
Dessaigne.	Liadières.
Dubois (de la Loire-Infér.).	Mermilliod.
Ducos.	Montépin (de).
Dufaure.	Mottet.
Dugabé.	Nogaret (de).
Durand (de Romorantin).	Piscatory.
Duvergier de Hauranne.	Saint-Albin (H. de).
Étienne.	Saint-Marc Girardin.
Fulchiron.	Salvandy (de).
Gaillard de Kerbertin.	Stourm.
Gauthier de Rumilly.	Subervic.
Glaiz-Bizoin.	Taillandier.
Golbery (de).	Tracy (de).
Goupil de Préfeln.	Vatout.
Janvier.	Vivien.
Jollivet.	

Le règlement a été adopté par un vote d'ensemble dans la séance du lundi 28 janvier 1839, et c'est par une erreur d'impression qu'il est annexé aux procès-verbaux de la chambre comme ayant été délibéré le mercredi 30 janvier.

APPENDICE.

RÈGLEMENT

DE LA

CHAMBRE DES DÉPUTÉS,

DU 28 JANVIER 1839.

CHAPITRE PREMIER.

DU BUREAU PROVISOIRE DE LA CHAMBRE ET DE LA VÉRIFICATION DES POUVOIRS.

ARTICLE 1er. A l'ouverture de la session, le doyen d'âge occupe le fauteuil. — (Voir articles 6, 7, 8, 10, 14.)

—Cet article, maintenu de l'ancien règlement de 1814, et adopté de nouveau en 1839, sans nulle discussion, donne lieu cependant à quelques observations qui méritent d'être signalées. L'on ne nous supposera pas la pensée de vouloir manquer aux égards qui sont dus à l'âge, mais nous ne pouvons nous dispenser de faire remarquer l'inconvénient de faire présider l'assemblée par le plus âgé des membres qui la composent.

Dans une chambre composée de 459 personnes, celle que l'âge appelle ainsi aux fonctions de président, a atteint cette période de la vie où les facultés physiques ont perdu la force nécessaire pour diriger des débats souvent animés et dès lors fatigants pour celui qui doit les conduire. L'exemple de ce qui est arrivé durant la vérification des pouvoirs de la deuxième session de 1839, démontre qu'à une chambre élective, que le moindre choc des passions politiques peut mettre en mouvement, il faut un président vigilant et ferme, qui puise dans la puissance de ses facultés la force d'empêcher le désordre et de maintenir la régularité des délibérations.

La loi électorale du 19 avril 1831 a évité cet inconvénient, et cependant la présidence provisoire des colléges électoraux n'embrasse que des fonctions simples et rapidement remplies. La présidence provisoire de la chambre des Députés est exposée à des fonctions plus longues et plus laborieuses; la même raison qui a fait écarter la présidence d'âge des colléges électoraux doit déterminer aussi à l'écarter de cette chambre.

Mais alors, suivant quel mode nommer le président provisoire qui doit conduire la chambre à sa constitution définitive? Ne pourrait-on pas attribuer cette présidence soit à l'ancien président, soit à l'un des vice-présidents ou des secrétaires de la précédente session, qui se retrouvent dans la nouvelle? Ne pourrait-on pas encore tirer au sort entre les membres du précédent bureau?

Voir T. C. L., page 225.

Art. 2. Les quatre plus jeunes députés font les fonctions de secrétaires. — (Voir articles 8, 10, 16, 19, 57.)

T. C. L., page 226.

Art. 3. La chambre se partage, par la voie du sort, en neuf bureaux, pour vérifier les pouvoirs. — (Voir article 61.)

T. C. L., page 226.

Art. 4. Les procès-verbaux d'élections sont, avec les

pièces justificatives, répartis entre les neuf bureaux et exa-
minés par des commissions de trois membres au moins,
formées dans chacun d'eux par la voie du sort.

Les élections non contestées sont soumises les premières
à la chambre par un rapporteur nommé à cet effet par
chaque bureau.

Les rapports sur les élections contestées, sont présentés
par des rapporteurs particuliers élus spécialement par le
bureau. — (Voir articles 5, 61.)

T. C. L., page 228.

Art. 5. La chambre prononce sur la validité des élections, et le président proclame députés ceux dont les pouvoirs ont été déclarés valides. — (Voir article 6.)

— En matière de vérification de pouvoirs, la chambre ne prononce qu'en formule générale. Il n'y a jamais pour elle que la
question de savoir si une élection est ou n'est pas régulière. En
déclarant que tel bulletin doit être attribué ou refusé à tel candi-
dat, elle abdiquerait ses propres fonctions pour prendre celles
d'un bureau de collège. (Séance du 8 janvier 1836.)
— Une décision rendue par la chambre sur une vérification
de pouvoirs, ne constitue pas une règle générale qui puisse être
appliquée aux autres pouvoirs à vérifier, s'ils n'ont pas été exa-
minés selon les formes ordinaires. (Séance du 14 août 1834.)
— La chambre peut se saisir elle-même *directement* des questions relatives à la réélection de ses membres, comme touchant à la
vérification des pouvoirs. Ce précédent a été ainsi décidé durant
la session de 1835, sur la réclamation de MM. Désabes et Jaubert.
Le premier a provoqué la discussion sur la nomination de M. le
général Sébastiani aux fonctions d'ambassadeur à Londres, le
second sur celle de M. Laurence à des fonctions auxquelles étaient
attachées des indemnités de différentes natures, et tous deux

demandaient l'application de la loi du 12 septembre 1830. (Séances des 30 mars, 3 avril, 9 mai 1835.)

T. C. L., p. 229.

ART. 6. Lorsqu'il y a lieu de procéder au tirage au sort prescrit par l'art. 63 de la loi du 19 avril 1831, le nom de chacun des arrondissements électoraux ayant élu des députés non domiciliés dans le département est inscrit sur un bulletin séparé. Ces divers bulletins sont pliés et déposés dans une urne. Le président procède au tirage, et le bulletin qui sort le premier désigne l'arrondissement dont l'élection est annulée.

« La moitié au moins des députés sera choisie parmi les éligibles qui ont leur domicile politique dans le département. » (Art. 36, Charte constit.)

« Lorsque des arrondissements électoraux ont élu des députés qui n'ont pas leur domicile politique dans le département, en nombre plus grand que ne l'autorise l'art. 36 de la Charte, la chambre des députés tire au sort, entre ces arrondissements, celui ou ceux qui doivent procéder à une réélection. » (Art. 63; loi du 19 avril 1831.)

— Il ne doit être procédé à cette opération qu'après la vérification des pouvoirs de tous les députés du département. (Séance du 14 août 1834.)

CHAPITRE II.

DU BUREAU DÉFINITIF DE LA CHAMBRE.

ART. 7. La chambre, après la vérification des pouvoirs, procède à l'élection d'un président. — (Voir articles 10, 39.)

Art. 8. La chambre nomme, pour tout le cours de la session, quatre vice-présidents et quatre secrétaires. — (Voir articles 10, 16, 84, 86.)

— Le bureau définitif de la chambre peut être installé avant la nomination du quatrième secrétaire. (Séance du 31 décembre 1835.)

— Lorsque, durant le cours de la session, des secrétaires élus sont momentanément absents, ils peuvent être remplacés par des secrétaires provisoires. (Séance du 50 juillet 1835.)

T. C. L., p. 253.

Art. 9. Elle nomme deux questeurs pour tout le cours de la législature. — (Voir articles 10, 59, 86, 93, 95, 96, 98, 99, 100, 105.)

— La chambre ne procède à la nomination des questeurs qu'après l'installation du bureau définitif. (Séances des 27 décembre 1857 et 19 avril 1859.)

— En cas de dissolution, les questeurs continuent leurs fonctions, jusqu'à leur remplacement, alors même qu'ils n'ont pas été réélus députés.

T. C. L., p. 254.

Art. 10. Toutes ces nominations sont faites à la majorité absolue, et celles des vice-présidents, des secrétaires et des questeurs se font au scrutin de liste. Cependant, au troisième tour de scrutin, qui est celui du ballottage, la majorité relative suffit. Dans le cas d'égalité de suffrages, le plus âgé est nommé. Tout billet de ballottage qui contient moins de noms qu'il n'y a de nominations à faire est nul. Les secrétaires vérifient le nombre des votants ; des scrutateurs, tirés au sort, dépouillent le scrutin, et le président en proclame le résultat. — (Voir articles 58, 59.)

50.

—Pour que le scrutin de ballottage soit valable, il faut que la majorité des députés y prenne part. (Séance du 31 décembre 1835.) T. C. L., p. 234.

Art. 11. Lorsque la chambre est constituée, elle en donne connaissance au roi et à la chambre des pairs. — (Voir articles 84, 93, 94.)

T. C. L., p. 234.

Art. 12. Elle procède immédiatement à la nomination de la commission chargée de préparer l'adresse de la chambre en réponse au discours du roi. — (Voir articles 66, 68, 85.)

==Dans le projet de la commission, cette disposition ne formait que le premier paragraphe de l'article, qui était complété par les trois paragraphes suivants :

« Néanmoins si un ou plusieurs projets d'adresse ont été déposés par des membres, les bureaux examinent préalablement si la discussion d'aucun d'eux doit être autorisée.

« Si l'autorisation est donnée par cinq bureaux au moins, il n'est point nommé de commission. Le projet autorisé est imprimé, distribué et discuté, après un délai de vingt-quatre heures, en assemblée générale.

« Si la majorité des bureaux n'autorise la discussion d'aucun projet, il est procédé à la formation de la commission chargée de rédiger l'adresse. »

De son côté, *M. Duvergier de Hauranne* proposait de substituer à ces deux derniers paragraphes les deux dispositions suivantes :

« Celui de ces projets dont la lecture est autorisée par la majorité relative des bureaux, est imprimé, distribué et discuté en assemblée générale après un délai de vingt-quatre heures.

« Dans le cas où la lecture de deux ou plusieurs projets serait

« autorisée par un nombre égal de bureaux, la chambre décide
« entre eux, sans discussion, par un vote de priorité. »

M. Duvergier de Hauranne se bornait ainsi à amender le système proposé par la commission. *M. Jollivet* au contraire proposait de le remplacer par un système tout différent, qu'il formulait dans ces termes :

« Elle procède immédiatement et en séance publique à la dis-
« cussion de l'adresse. S'il est proposé plusieurs projets, la ques-
« tion de priorité est mise aux voix sans discussion. »

M. Jollivet motiva cette proposition sur la nécessité d'abréger les délais qu'entrainent les discussions de la commission de l'adresse, et sur la grande utilité qu'il pourrait y avoir à imiter en ce point les usages du parlement anglais. « Nous économisons un temps précieux, disait-il, si nous supprimons la commission et si la discussion de l'adresse a lieu immédiatement dans le sein de la chambre. C'est là ce qui se pratique dans le parlement anglais. »

Plusieurs orateurs combattirent ce système ; *M. Odilon Barrot* surtout le renversa par des considérations élevées qui méritent d'être signalées ici :

« ..... L'amendement qui vous est présenté en ce moment, dit-il, et qui ne propose rien moins que de supprimer les commissions d'adresse, je le crois dangereux ; je le crois dangereux surtout dans notre situation actuelle. Je vais produire ma pensée en peu de mots : il est même possible que les motifs que je vais donner à l'appui de mon opinion soient, auprès de certains membres, des raisons pour adopter la proposition de la commission.

» On nous cite beaucoup l'exemple de l'Angleterre et assurément, si nous étions dans une situation identique, je n'hésiterais pas à proposer à la chambre d'adopter les procédés de l'Angleterre pour répondre au discours de la couronne ; mais l'Angleterre est en possession du gouvernement représentatif depuis des siècles ; mais le pouvoir parlementaire y est constitué de telle manière que non-seulement il surveille et contrôle le gouverne-

ment, mais qu'il gouverne le pays, qu'il le gouverne par ses comités, qu'il le gouverne par les hommes politiques, qu'il le gouverne de toutes les manières; et l'on conçoit très-bien qu'au
début d'une session le pouvoir parlementaire, qui constitue à
vrai dire le gouvernement du pays, n'ait pas d'instruction à faire
dans son sein sur les actes qui se sont passés dans l'intervalle des
deux sessions, qu'il n'ait pas d'enquêtes et une adresse propre-
ment dite à faire à la couronne et au gouvernement, et un jugement à porter sur les affaires du pays; il fait tout simplement
une réponse au discours de la couronne, laquelle, dans les usages
parlementaires, est encore une solennité parlementaire plutôt
qu'un acte politique.

» Mais nous sommes dans une position toute différente, et par
notre constitution et par la constitution même propre à cette
chambre, que vous n'oseriez pas changer : vous n'oseriez pas la
constituer d'une manière gouvernementale, vous résisteriez à la
proposition de diviser cette chambre en comités, à la proposition
de lui attribuer le droit d'enquête avec toutes ses conséquences,
avec le droit de contrainte, d'appel, avec le droit de fouiller
dans toutes les archives du gouvernement. Vous êtes, par la
constitution même de cette chambre, dans l'état actuel de nos
mœurs politiques, vous êtes un pouvoir de contrôle et de surveillance. C'est donc ce droit de contrôle et de surveillance que
vous devez exercer dans toute sa plénitude, et auquel vous ne
devez pas permettre qu'il soit porté la moindre atteinte.

» Eh bien! au début d'une session que faites-vous? Vous vous
enquérez des actes qui se sont consommés dans l'intervalle des
sessions; vous faites une sorte d'enquête, d'enquête parlementaire sur ces actes; vous examinez, vous portez votre jugement
sur les actes consommés, et vous portez les yeux sur les actes de
l'avenir. Eh bien! c'est ce travail important pour le pays, pour
vous-mêmes, qui se fait dans le sein de la commission nommée
par cette chambre; c'est ce travail qu'il ne faut pas supprimer,
et il serait dangereux de lui substituer je ne sais quelle proposition de réponse improvisée par un membre de la chambre, et

qui viendrait immédiatement, sans aucune instruction préalable, saisir la chambre et provoquer un débat.

» Ce serait dépouiller la chambre d'un de ses droits les plus puissants Il y a perte de temps, direz-vous? Je nie cette perte de temps. Il y a utilité pour la chambre à porter, par une commission nommée par elle, un contrôle exact, sévère, sur tous les actes du gouvernement, et à produire ensuite à cette tribune l'examen de cette instruction parlementaire, et à la soutenir dans une discussion solennelle. Cela avance l'éducation politique du pays. C'est un pouvoir qu'il ne faut pas abandonner, qu'il ne faut pas permettre de modifier. Je ne sais pas si dans l'avenir ce pouvoir sera nécessaire au même degré. Je ne sais pas si, à mesure que les mœurs politiques se formeront, à mesure que la représentation nationale sera mise avec plus de plénitude en possession de ses droits et de ses prérogatives, nos procédés ne pourront pas être simplifiés comme en Angleterre ; mais quant à présent, cette commission de l'adresse est nécessaire, et je crois qu'il faut la maintenir dans toute la plénitude de ses pouvoirs.

» L'inconvénient est grave ; mais je crois qu'il n'est pas nécessaire pour y remédier, de voter la suppression de la commission de l'adresse. Il est possible, par la composition accidentelle des bureaux, que la commission de l'adresse soit composée par la minorité de la chambre, et qu'alors il se produise ce spectacle d'une adresse présentée par la minorité, combattue et détruite par la majorité de la chambre. Ces circonstances ne se reproduiront pas souvent, et nous ne faisons pas des lois pour des accidens qui ne sont pas communs, et qui ne se reproduiront peut-être jamais dans la vue normale du gouvernement représentatif. Cependant il est possible d'y obvier : il y a dans l'amendement qui vous est présenté, la proposition utile de saisir la chambre du droit de nommer, dans certains cas, ces commissions en assemblée générale. Eh bien ! je crois que, pour la nomination de la commission de l'adresse, il conviendrait que cette commission fût nommée en assemblée générale. Mais reste toujours la nécessité politique et parlementaire de la commission de l'adresse et du travail important qui lui est confié. »

Après ce discours, *M. Jollivet* a déclaré retirer son amendement.

D'autre part, *M. Vivien* a déclaré, au nom de la commission, renoncer à soutenir les trois derniers paragraphes ; il a proposé à la chambre de voter uniquement le paragraphe premier, mais en en supprimant les mots : *dans les bureaux,* parce qu'ils préjugent la question de savoir dans quelle forme la commission sera nommée. Ainsi le premier paragraphe seul a été voté. (Séances des 22 et 23.)

T. C. L., page 55 à 61.

ART. 13. Dans le cas où des projets de loi seraient présentés par le gouvernement avant le vote de l'adresse, la chambre pourra décider qu'il sera immédiatement procédé à leur examen et à leur discussion, s'il y a lieu, selon les formes ordinaires. — (Voir article 42.)

T. C. L., page 78.

ART. 14. Les fonctions du président sont de maintenir l'ordre dans la chambre, d'y faire observer le règlement, d'accorder la parole, de poser les questions, d'annoncer le résultat des suffrages, de prononcer les décisions de la chambre et de porter la parole en son nom et conformément à son vœu. — (Voir articles 6, 7, 10, 15, 17, 18, 21, 22, 25, 25, 26, 27, 56, 57, 58, 41, 42, 43, 44, 45, 49, 51, 57, 68, 78, 79, 83, 84, 85, 87, 88, 91, 93, 95, 98, 99, 102, 107.)

— Le président peut, sans porter atteinte à la prérogative royale et aux droits des ministres d'obtenir la parole en tout état de la discussion, inviter ces derniers à choisir, pour parler, un moment qui soit à la convenance des opérations de la chambre. (Séance du 19 février 1834.)

T. C. L., page 255.

ART. 15. Le président donne, à chaque séance, connaissance à la chambre des messages, lettres et paquets qui la concernent.

— Des dons en faveur des victimes de juillet 1830, ont été déposés sur le bureau de la chambre des députés. (Séances des 18 et 28 septembre; 5 et 9 octobre; 16 octobre; 1er et 9 décembre 1830.)

ART. 16. Les fonctions des secrétaires sont de surveiller la rédaction du procès-verbal, d'en faire lecture, d'inscrire pour la parole les députés suivant l'ordre de leur demande; de compter ostensiblement les votes; de tenir note des arrêtés et des ajournements prononcés; en un mot, de faire tout ce qui est du ressort du bureau de la chambre. — (Voir article 8, 19, 57, 58, 84, 86, 88, 93, 94.)

ART. 17. Les pièces communiquées à la chambre sont déposées sur le bureau, ou adressées au président. Néanmoins, les documents relatifs au budget, à la loi des comptes et autres lois de finances, sont adressés directement aux commissions chargées de leur examen.

Le président envoie aux bureaux et commissions toutes les pièces relatives aux objets qui doivent y être discutés. — (Voir articles 14, 19, 60, 76, 90.)

=*M. le rapporteur* a fait sur cet article l'observation suivante : « On a craint qu'il ne résultât de cette proposition que les communications qui doivent être faites directement par les ministres à la chambre, que celles qui sont exigées par les lois, que les publications mêmes qui sont prescrites par divers actes de la législation, parussent comprises dans cette disposition, et qu'on ne pût penser que le gouvernement était, en vertu de cet article, dispensé de faire les productions ou publications nécessaires, et autorisé à remettre directement ces documents à la commission. Ce n'est pas notre pensée; nous entendons seulement consacrer l'usage suivi jusqu'ici et n'appliquer la disposition exceptionnelle qui termine l'art. 17 qu'aux éclaircissements, aux documents particuliers et n'ayant pas, pour ainsi dire, un caractère officiel, qui peuvent être produits par les ministres. » (Séance du 23.)

T. C., L. page 79.

CHAPITRE III.

TENUE DES SÉANCES.

ART. 18. Le président fait l'ouverture et annonce la clôture des séances ; il indique à la fin de chacune, après avoir consulté la chambre, l'heure d'ouverture de la séance suivante et l'ordre du jour, lequel sera affiché dans la salle. Le président ne pourra, néanmoins, mettre aucun intervalle entre les séances, sans avoir pris l'avis de la chambre. — (Voir articles 14, 69.)

=Pour assurer l'exactitude et l'assiduité aux séances, M. *Deslongrais* proposait, après cet article, un article additionnel ainsi conçu : « A l'ouverture de chaque séance, après la lecture du procès-verbal, le président tire au sort la liste d'un des neuf bureaux de la chambre. Un des secrétaires procède à l'appel nominal des membres qui en font partie. Le nom des absents est inséré au *Moniteur* et dans les autres journaux. — Si la chambre n'est pas alors en nombre pour délibérer, les membres présents peuvent demander l'appel nominal de la liste d'un ou de plusieurs autres bureaux tirés au sort. » — Après une assez longue discussion, cette proposition n'est pas adoptée. (Séance du 23.)

— On ne peut pas, sur la demande d'un membre, surseoir à l'adoption du procès-verbal. (Séance du 24 mars 1858.)

— Lorsque l'ordre du jour a été fixé par la chambre, les membres absents lors de cette fixation ne peuvent en exiger le changement. (Séance du 25 avril 1834.)

T. C. L., page 255.

Art. 19. Il ne sera fait à la tribune aucune analyse des ouvrages offerts à la chambre ; un secrétaire en lit seulement le titre, et ils sont déposés à la bibliothèque. — (Voir article 16.)

Art. 20. Il y a, dans la salle, des places exclusivement réservées aux ministres.

Art. 21. Aucun membre de la chambre ne peut parler qu'après avoir demandé, de sa place, la parole au président et l'avoir obtenue. Il ne parle qu'à la tribune, à moins que le président ne l'autorise à parler de sa place. — (Voir articles 14, 22, 24, 25, 27, 28, 29, 32, 56.)

T. C. L., pages 153, 240.

Art. 22. Le président rappelle seul à l'ordre l'orateur qui s'en écarte. La parole est accordée à celui qui, rappelé à l'ordre, s'y est soumis et demande à se justifier : il obtient seul la parole.

Lorsqu'un orateur a été rappelé deux fois à l'ordre, dans le même discours, le président, après lui avoir accordé la parole pour se justifier, s'il le demande, doit consulter la chambre pour savoir si la parole ne sera pas interdite à l'orateur pour le reste de la séance sur la même question.

La chambre prononce par assis et levé, sans débats. — (Voir articles 14, 21, 24, 25, 26, 27.)

T. C. L., pages 153, 242.

Art. 23. Le président ne peut prendre la parole dans un débat que pour présenter l'état de la question et y ramener : s'il veut discuter, il quitte le fauteuil, et ne peut le reprendre qu'après que la discussion sur la question est terminée. — (Voir article 14.)

M. *Jollivet* a proposé, par voie d'amendement, de supprimer la seconde partie de cet article commençant aux mots : « S'il veut discuter. » Cette suppression conduisait à interdire au président le droit de prendre part à aucune discussion. M. Jollivet a motivé son amendement sur des considérations générales empruntées aux théories de Bentham. M. *Desmousseaux de Givré* l'a appuyé en se fondant sur ce que tous les députés sont égaux, sauf une exception. « Il y a dans cette chambre, dit-il, un homme dont personne n'est l'égal : cet homme, c'est le président. Quand un simple député monte à la tribune, il ne doit pas être exposé à avoir pour adversaire l'homme qui n'est ici l'égal de personne. » Et de ce principe, M. de Givré induisait la conséquence qu'il fallait lui retirer momentanément la faculté d'exprimer son opinion à la tribune, parce que le député élu président est libre d'accepter ou de refuser cette haute fonction ; que si, en acceptant, il ne lui est plus permis de prendre la parole. il lui reste la voie de la presse pour faire connaître son opinion. — MM. *Dubois* (de la Loire-Inférieure) et *Dufaure* ont facilement démontré les inconvénients de ce système, et l'amendement de M. Jollivet a été écarté. (Séance du 25.)

T. C. L., pages 145 à 152, 243.

Art. 24. Toute personnalité, tout signe d'approbation ou d'improbation sont interdits. — (Voir articles 25, 26,)

Art. 25. — Si un membre de la chambre trouble l'ordre, il y est rappelé nominativement par le président ; s'il insiste, le président ordonne d'inscrire au procès-verbal le rappel à l'ordre. En cas de résistance, l'assemblée prononce l'inscription au procès-verbal avec censure. — (Voir article 21.)

T. C. L., pages 155, 244.

Art. 26. — Si la chambre devient tumultueuse, et si le président ne peut la calmer, il se couvre. Si le trouble continue, il annonce qu'il va suspendre la séance. Si le calme ne se rétablit pas, il suspend la séance pendant une heure, durant laquelle les membres de la chambre se réunissent dans leurs bureaux respectifs. L'heure expirée, la séance est reprise de droit. — (Voir article 24.)

Art. 27. Nul ne doit être interrompu lorsqu'il parle. Si un membre de la chambre s'écarte de la question, le président l'y rappelle.

Le président ne peut accorder la parole sur le rappel à la question.

Si un orateur, après avoir été deux fois, dans le même discours, rappelé à la question, continue à s'en écarter, le président doit consulter la chambre pour savoir si la parole ne sera pas interdite à l'orateur pour le reste de la séance sur la même question.

La chambre prononce par assis et levé, sans débats. — (Voir article 24.)

— Il n'est pas parlementaire de parler à la tribune d'une chambre de ce qui s'est dit ou passé dans l'autre chambre. (Séance des 20 et 27 avril 1855.)

T. C. L., page 155.

Art. 28. Nul ne parle plus de deux fois sur la même question, à moins que la chambre n'en décide autrement — (Voir articles 21, 52.)

Art. 29. Dans les discussions, les orateurs parlent alternativement pour et contre. — (Voir article 21.)

T. C. L. pages 154, 245.

Art. 30. Les réclamations d'ordre du jour, de priorité et de rappel au règlement ont la préférence sur la question principale, et en suspendent la discussion. La question préalable, c'est-à-dire celle qu'il n'y a lieu à délibérer, et les amendements sont mis aux voix avant la question principale. — (Voir articles 34, 37, 41.)

— Il n'y a pas lieu de mettre aux voix la question préalable lorsqu'il s'agit d'une disposition non contraire à la charte. (Séance du 15 mai 1833.)

— Une demande en autorisation de poursuite contre un député, fondée sur un discours prononcé à la tribune, doit être écartée par la question préalable. Le sieur Prédaval, contre M. Mauguin ; Charte constitutionnelle, art. 44. (Séance du 23 janvier 1839.)

— La question préalable peut être mise aux voix d'après le simple énoncé de l'objet d'une pétition, sans qu'il soit nécessaire d'entendre le développement du rapport. (Séance du 24 mars 1838.) Trois pétitionnaires demandaient que tout député qui, sans excuse légitime, aurait manqué à trois séances consécutives de la chambre fût considéré comme démissionnaire.

— L'amendement qui s'éloigne le plus du projet du gouvernement doit être mis aux voix le premier. (Séance du 6 janvier 1835.)

— La question préalable peut être mise aux voix sur un amendement avant qu'il soit développé. (Séance du 11 octobre 1831.)

—Lorsqu'un membre présente un amendement au projet de la commission, cet amendement doit avoir la priorité, alors même qu'il ne serait que la reproduction du projet du gouvernement ou d'un amendement de la chambre des pairs. (Séance du 17 juin 1833.)

— Lorsqu'un amendement proposé présente un nouveau système, il faut d'abord décider lequel du système nouveau ou du système du gouvernement doit avoir la priorité. (Séance du 2 mai 1833.)

— La priorité accordée au projet du gouvernement, ne détruit pas le droit d'amendement. — Les amendements des membres de la chambre doivent être mis aux voix avant le projet de la commission. (Séance du 8 mai 1833.) — Donner la priorité au projet de la commission, ce serait détruire le droit d'amendement, qui appartient individuellement à chaque membre. (Séance du 3 janvier 1833.)

T. C. L, pages 174, 245.

ART. 31. Dans les questions complexes, la division a lieu de droit lorsqu'elle est demandée.

ART. 32. Il est toujours permis de demander la parole pour poser la question. — (Voir article 21.)

ART. 33. Les membres de la chambre qui, en vertu de l'article 38 de la charte constitutionnelle, demandent un comité secret, en font expressément la demande à la tribune; leurs noms sont inscrits au procès-verbal de la séance.

T. C. L, pages 152, 246.

ART. 34. Toute proposition ayant une loi pour objet est votée par la voie du scrutin secret. A l'égard des autres propositions, la chambre vote par assis et levé, à moins que vingt membres n'aient demandé le scrutin secret, ou ne le demandent après une première épreuve. — (Voir articles 30, 35, 37, 38, 40, 57, 75.)

31.

=Cet article est un de ceux qui, dans les débats de la chambre, ont donné lieu à la discussion la plus étendue. M. le marquis *de Lagrange* l'a ouverte en proposant un amendement ainsi conçu : « Toute proposition ayant une loi pour objet est votée par appel « nominal et à haute voix, à moins que vingt membres ne de- « mandent le scrutin secret. — A l'égard des autres propositions « la chambre vote par assis et levé. » M. de Lagrange a fait valoir à l'appui de cet amendement quelques-unes des considérations que nous avons développées dans la deuxième section du chapi- tre VI du *Traité de la Confection des Lois*.

Sur ce même article, M. *Jolliret* a proposé une disposition nouvelle ainsi conçue : « Toute proposition, même celle qui au- « rait une loi pour objet, est votée par assis et levé, à moins que « vingt membres n'aient demandé le scrutin secret, ou ne le de- « mandent après une première épreuve. Quand une seconde « épreuve est déclarée douteuse par le bureau, le scrutin secret « a nécessairement lieu. »

M. *Dubois* (de la Loire-Inférieure) a combattu ces deux amen- dements. Il a repoussé la publicité du vote 1° comme prévoyance pour les mauvais jours ; 2° comme une atteinte portée à la sou- veraineté du député pendant la durée de son mandat. — Il re- garde le scrutin secret comme la protection des minorités lors- que le pouvoir est puissant, et comme protection de la majorité, quand une minorité factieuse fait appel à des passions violentes, et que, pour exercer son droit, la majorité a besoin de toute sa liberté. « L'abolition du vote au scrutin secret, dit-il, n'est rien moins que le principe du mandat impératif dissimulé. En effet, l'argument qu'on présente à la chambre est celui-ci : Il faut que le député, au moment de l'expiration de son mandat, puisse être jugé par ses actes, et que l'on puisse savoir comment il a voté dans telle ou telle circonstance. Pour moi, je crois que du jour où l'électeur a accompli sa mission, le député est substitué à la sou- veraineté de l'électeur, et qu'il ne doit compte de son vote qu'à Dieu et à sa conscience. »

Tout en reconnaissant que le député, une fois nommé, ne relève que de sa conscience, M. *Janvier* conteste qu'il ait le droit de dissimuler son vote à ses commettants; c'est au contraire pour lui un devoir de le faire connaître; il faut que ceux-ci puissent décider en connaissance de cause s'ils lui continueront son mandat. — M. Janvier se prononce en faveur du vote public, parce qu'il lui paraît devoir en résulter plus de dignité politique pour la chambre, et plus de considération personnelle pour chacun de ses membres.

M. *Vivien*, rapporteur, repousse, au nom de la commission, le vote public et la suppression du vote secret, tout à la fois dans leur principe et dans leur application. Après avoir développé de nouveau quelques-uns des arguments présentés par M. Dubois, l'honorable rapporteur ne pense pas que les formes nouvelles qu'on propose puissent abréger le temps qui est employé à recueillir les voix. « L'économie du temps, dit-il, ne serait pas obtenue, et la commission pense que la forme nouvelle proposée serait peu compatible avec nos usages et nos habitudes;... elle ajoute qu'il lui paraîtrait que le vote public ne pourrait pas avoir lieu justement, équitablement, sans être accompagné de la faculté de motiver son opinion. »

Après M. le rapporteur, MM. Glaiz-Bizoin, Larabit et Goupil de Préfeln ont soutenu les avantages du vote public; M. Saint-Marc-Girardin seul a pris la parole pour défendre le scrutin secret.

La chambre n'a pas adopté l'amendement proposé par M. de Lagrange, elle a également rejeté celui que présentait M. Jollivet. (Séances du 23 et du 24.)

— Il doit être voté sur l'ensemble des propositions règlementaires. Ce vote a lieu par assis et levé, à moins que vingt membres ne demandent le scrutin secret, ainsi qu'il est arrivé à la séance du 7 février 1838, sur la proposition relative au costume. (Séance du 28 janvier 1839.) — (Voir en outre, pour des précédents conformes, séances des 25 février 1839, 24 août, 8 septembre, 1er décembre 1830, et 26 août 1851.) — On trouve cependant un précédent contraire à la séance du 20 janvier 1856:

il n'a pas été voté sur l'ensemble de la proposition de M. Pelet de la Lozère, relative à la composition des commissions de finances.

— Un article de règlement n'étant pas une disposition législative, il n'y a pas lieu de procéder au scrutin secret. (Séance du 31 décembre 1832.)

— Une proposition d'enquête, n'étant pas une proposition de loi, ne doit être votée au scrutin secret qu'autant que ce scrutin serait demandé par vingt membres. (Séances des 14 et 16 février 1835.)

T. C. L., pages 173, 247.

Art. 55. Les propositions de lois relatives à des intérêts communaux ou départementaux, qui ne donneront lieu à aucune réclamation, seront votées par assis et levé.

Il ne sera procédé au scrutin secret qu'autant qu'il serait réclamé par vingt membres. — (Voir articles 34, 37, 57, 72.)

= « Dans ce cas, dit M. le rapporteur, il est évident que le vote n'a pas pour objet de vider de véritables dissentiments, puisqu'il n'y a pas de réclamations. Le scrutin est donc un temps perdu sans aucune utilité. » (Séance du 24.)

T. C. L., page 248.

Art. 56. Avant de fermer la discussion, le président con-sulte la chambre pour savoir si elle est suffisamment instruite; dans le doute, après une seconde épreuve, la discussion continue. — (Voir article 14.)

T. C. L., page 249.

Art. 57. Lorsque la chambre exprime son opinion par assis et levé, le président et les secrétaires décident du résultat de l'épreuve, qui peut se répéter ; s'il y a doute après la seconde épreuve, il est procédé à l'appel nominal. —(Voir articles 50, 54, 55, 58)

T. C. L., pages 175, 249.

Art. 58. Pour procéder au scrutin, un secrétaire fait l'appel nominal. Le député appelé reçoit une boule blanche et une boule noire ; il dépose, dans l'urne placée sur la tribune , la boule qui exprime son vœu; il met dans une autre urne, placée sur le bureau des secrétaires, la boule dont il n'a pas fait usage. La boule blanche exprime l'adoption, la noire, la non-adoption.

L'appel terminé, le réappel se fait de suite pour les députés qui n'ont pas encore voté.

Le réappel fini, les secrétaires versent les boules dans une corbeille ; ils en font ostensiblement le compte, et séparent les boules blanches des noires.

Le résultat de ce compte est arrêté par deux secrétaires et proclamé par le président.

Après avoir voté, chaque membre de la chambre se remet à sa place.— (Voir articles 14, 16, 54, 57, 57.)

— Lorsqu'il est procédé au scrutin secret, le votant qui aurait laissé voir sa boule en la déposant dans l'urne peut être obligé à voter de nouveau. (Séance du 8 avril 1855.)

— Lorsque le nombre des boules blanches est égal au nombre des boules noires, la proposition soumise au scrutin est rejetée. (Séance du 28 juin 1857.)

T. C. L., page 250.

Art. 59. Les nominations se font au scrutin secret, et

le contrôle des votes se fait par le compte des boules que chaque votant dépose dans l'urne placée sur le bureau des secrétaires. — (Voir articles 7, 8, 9, 10, 68, 86, 93.)

ART. 40. La présence de la majorité des députés est nécessaire pour la validité des votes de la chambre.

Les votes sur les pétitions ont lieu à la majorité des membres présents. — (Voir articles 34, 58, 57, 78.)

=La commission avait proposé sur cet article une rédaction ainsi conçue :

« La présence de la majorité des députés admis est nécessaire « pour la validité des votes de la chambre qui portent sur l'en- « semble d'une proposition.

« La présence de cent cinquante députés suffit pour la validité « des votes par assis et levé, qui ont seulement pour objet les « articles d'une proposition, à moins que vingt membres ne dé- « clarent s'opposer à ce qu'il soit procédé au vote hors la présence « de la majorité.

« Les votes sur les pétitions ont lieu à la majorité des membres « présents. »

Dans son rapport, M. *Vivien* évitant de se prononcer sur la question de savoir si l'article 16 de la charte laisse aux chambres la faculté de déterminer elles-mêmes le nombre de membres nécessaires à la validité de leurs délibérations, motivait cette proposition sur les considérations suivantes : « Sans se préoccuper de l'interprétation à donner aux termes de la charte, il est désirable que l'assemblée se compose habituellement du plus grand nombre possible de membres. Les délibérations y gagnent en gravité, en intérêt ; les précédents ont plus d'autorité, la jurisprudence parlementaire se forme et se maintient. Il ne doit point y avoir d'obstacle réel à ce que les députés se trouvent nombreux aux séances ; la plupart ne sont appelés à Paris que par les fonctions de la chambre ; tous ont contracté le devoir de s'y livrer entièrement. Il convient donc de maintenir, comme règle, la nécessité

de la présence de la majorité des députés admis. Mais nous avons
cru que cette nécessité n'existe point pour la discussion des articles. Cette discussion, dans les matières techniques ou spéciales,
est étrangère aux connaissances d'un grand nombre de membres; elle est mieux suivie, plus approfondie, plus écoutée, en
présence de ceux, surtout, qui y apportent les lumières requises.
De longs débats sur des sujets qui exigent des études et une instruction particulières, fatiguent et éloignent ceux qui ne peuvent
les saisir, et souvent ils sont prolongés outre mesure par l'impos-
sibilité de rendre assidue la majorité nécessaire. Pour obvier à
cet inconvénient, votre commission vous propose de décider que
la discussion des articles d'une proposition de loi, pourra vala-
blement avoir lieu en présence de cent cinquante membres seulement; et, pour éviter toute surprise, elle attribue à vingt membres le droit de s'opposer à ce que la délibération continue hors
la présence de la majorité.

« Les votes sur les pétitions seront valables avec le concours
de la majorité des membres présents. L'usage a déjà consacré
cette règle ; nous vous proposons seulement de la consigner dans
votre règlement. »

M. *Gaultier de Rumilly*, en se prononçant en faveur de l'amendement proposé par la commission, pense que si on examine
attentivement l'article 16 de la charte et la proposition de la
commission, on n'y trouvera aucune inconstitutionnalité.

M. *Liadières* soutient au contraire que le deuxième paragraphe
proposé par la commission n'est autre chose qu'une prime à
l'inexactitude; de plus, la commission lui parait faire elle-même
le procès de son paragraphe, car elle dit que vingt membres
pourront empêcher la chambre de voter. Eh bien ! ce qu'elle dit
de vingt membres, on peut le dire d'un seul. Un seul membre
protestant contre le vote fait par cent cinquante députés, frap-
pera l'article, sinon de nullité, du moins d'une complète décon-
sidération aux yeux du pays.

M. *Jolliret* propose un amendement sur l'article en débat. Il
demande que la présence de cent cinquante députés soit seule

nécessaire pour la validité des votes de la chambre. — La seule différence qui existe entre cet amendement et celui de la commission consiste en ce que le chiffre de cent cinquante, demandé par M. Jollivet, doit pouvoir également voter et les articles et l'ensemble de la loi, tandis que la commission n'admet le vote de cent cinquante membres que pour les articles seulement, et exige la majorité des députés pour l'ensemble des propositions. — M. Jollivet a développé son amendement en faisant valoir deux considérations principales : la première qu'il était constitutionnel, en ce sens qu'il n'était point contraire aux termes de l'article 16 de la charte ; la seconde qu'il serait favorable aux discussions, en n'y appelant que ceux qui, par leurs connaissances spéciales, peuvent y prendre une part utile. « Un des plus grands inconvénients, dit-il, du règlement qui exige la moitié plus un des membres de la chambre, pour le vote de chaque loi, est d'obliger chaque membre à étudier tous les projets de loi, s'il veut donner un vote consciencieux. Or cette obligation ne peut jamais être qu'imparfaitement remplie : quelle que soit la capacité du membre de la chambre le plus éclairé, il ne peut avoir qu'une idée superficielle de toutes les lois proposées, quand même il les aurait scrupuleusement examinées toutes. Ne vaudrait-il pas mieux qu'il eût restreint le cercle de ses études ; que financier, magistrat, ou avocat, négociant, militaire, marin, administrateur, il eût étudié d'une manière approfondie les projets de loi relatifs aux finances, à la législation civile ou criminelle, au commerce, à l'armée de terre ou de mer, à l'administration ? Si la division du travail est nécessaire en économie politique, elle ne l'est pas moins en législation. »

M. de Golbéry, distinguant la proposition de la commission de l'amendement de M. Jollivet, pense que la première, en demandeur sur l'ensemble des projets, le vote de la majorité des députés satisfait suffisamment aux prescriptions de la charte ; il repousse l'amendement du second comme étant contraire à celle-ci.

Un membre ayant demandé la question préalable sur cet amendement, M. *Vivien*, rapporteur, l'a repoussée comme tranchant la question de constitutionnalité, ce qui serait décider contre la chambre des pairs, qui a entendu la charte autrement ; ce serait émettre un vote qui déclarerait l'inconstitutionnalité de presque toutes les lois qui ont été votées depuis 1850. —Arrivant à la proposition de la commission, M. Vivien expose la situation dans laquelle elle a voulu se tenir : « La question de constitutionnalité qui vient d'être soulevée, dit-il, nous a gravement préoccupés. Nous n'avons pas été convaincus que la charte s'opposât à la fixation d'une majorité inférieure à la moitié plus un des membres de la chambre. Il nous a paru que les habitudes sanctionnées par le règlement de la chambre des pairs, que l'interprétation même donnée à l'article 16 de la charte, étaient de graves sujets de doute. On peut très-bien soutenir, et c'est l'opinion qui a prévalu dans la chambre des pairs, que quand l'article 16 de la charte dit que les lois seront votées par la majorité, il ne décide pas que cette majorité devra être composée de la majorité du nombre total des membres de la chambre, et il a pu entrer dans l'esprit du législateur de laisser à chacune des chambres le soin de fixer par son règlement le nombre qui constituerait sa majorité. — Je dis que c'est une question, une question grave, difficile ; nous n'avons pas voulu la résoudre, et comme elle s'adressait à un article de la charte, nous avons pensé que le doute devait être résolu dans le sens qui donne le plus de garantie. » M. Vivien explique ensuite comment la commission n'a pas cru devoir, même en présence de l'interprétation donnée à la charte, exiger que la majorité des députés fût présente pour le vote qui intervient sur les articles ; il lui a paru suffire, pour que toutes les garanties existent, qu'il n'y ait pas de doute sur la présence de la majorité qui prend part au vote de l'ensemble.

M. de Salvandy, ministre de l'instruction publique, pense que la question constitutionnelle qu'on a soulevée n'existe pas. Suivant lui, il n'y a que deux systèmes : ou celui d'une majorité fondée sur ce grand principe que la majorité seule peut être considérée comme investie des pouvoirs des corps, ou bien la spécialité des discussions. Quand on est entré dans la spécialité des discussions, il est évident que le chiffre arbitraire de cent cinquante est lui-même faux dans son principe; il n'y a pas de matière sur laquelle ce chiffre puisse représenter exactement le système de spécialité. L'unique question qui doit influer sur la délibération, c'est celle de la dignité du corps, de l'importance des décisions, de la gravité des débats, de l'utilité morale dont ils sont, de l'influence qu'ils doivent exercer, de l'autorité que le pays tout entier doit leur reconnaître, et M. de Salvandy soutient que tous ces intérêts seraient compromis si la chambre sort du système de la majorité légale.

M. *Mermilliod* combat aussi la distinction faite par M. le rapporteur entre la discussion, le vote des articles et le vote sur l'ensemble de la loi. Il soutient que la charte est formelle, qu'elle exige la majorité pour les deux actes indistinctement, et qu'il est bien plus nécessaire encore d'avoir la majorité pour faire la loi en détail que pour la voter quand elle est achevée.

Après cette discussion, M. Jollivet déclare retirer son amendement, et M. le rapporteur consent aux suppressions proposées dans le premier paragraphe de l'amendement de la commission. Ces suppressions ont pour effet de rétablir l'ancien texte du règlement, et ce texte est voté par la chambre. — Le second paragraphe de l'amendement mis aux voix est rejeté.

M. le général Subervic demande la suppression du troisième paragraphe relatif aux pétitions.

M. Vivien répond que quand un usage s'est introduit dans la chambre, il faut avoir la sincérité de l'avouer. De temps immémorial, il a été reconnu et consacré que le vote sur les pétitions pouvait avoir lieu sans qu'il y eût un nombre de députés composant la chambre ; si on supprime la proposition de la commission, on supprimera l'usage. — Ce paragraphe a été adopté. (Séance du 24.)

— La discussion à laquelle la chambre s'est livrée sur cet article, démontre avec évidence 1o qu'elle a craint d'exprimer une opinion sur l'application de l'article 16 de la charte; la difficulté a été éludée; 2o qu'elle a craint encore de trop s'écarter des habitudes prises dans son mode d'examiner et de discuter les lois. Sur ce dernier point, *M. de Salvandy* est de tous les orateurs celui qui a le plus clairement précisé l'état et l'importance de la question, en distinguant deux systèmes : l'un fondé sur le principe de la majorité, l'autre sur le principe de la spécialité des discussions. C'est la conciliation de ces deux systèmes, dont l'application est également nécessaire, que nous avons proposé de réaliser à l'aide des moyens que nous avons indiqués dans le *Traité de la Confection des Lois*, chap. IV, sect. 3e § 2e.

— La chambre a-t-elle besoin d'être en nombre pour délibérer sur la prise en considération d'une proposition? La négative a été décidée à la séance du 14 janvier 1832.

— La disposition de cet article doit s'appliquer au cas où la chambre procède à une nomination, aussi bien qu'à celui où elle délibère sur une proposition ou un projet de loi. Bien que la discussion n'ait apporté aucun éclaircissement spécial sur ce point, il ne nous paraît pouvoir faire l'objet d'aucun doute.

T. C. L., pages 161 à 172, 176 à 179, 236.

Art. 41. Lorsque l'autorisation exigée par l'art. 44 de la charte sera demandée, le président indiquera seulement l'objet de la demande.

Il la renverra immédiatement dans les bureaux, qui nommeront une commission pour examiner s'il y a lieu d'accorder l'autorisation. (Voir art. 30.)

— En cas de poursuites contre un député devant la chambre des pairs, la résolution prise par cette chambre et communiquée par un message à la chambre des députés, ne suffit pas pour saisir la chambre. Il faut une autorisation de poursuite demandée par le garde-des-sceaux. (Séance du 15 mai 1835.)

— Une demande en autorisation de poursuites contre un député ne peut pas se fonder sur un discours prononcé à la tribune. (Séances des 31 mars 1832 et 25 janvier 1839.)

CHAPITRE IV.

DES PROPOSITIONS DE LOI FAITES PAR LE GOUVERNEMENT, OU TRANSMISES PAR LA CHAMBRE DES PAIRS.

ART. 42. Les propositions de loi adressées à la Chambre par le Roi, et les résolutions envoyées par la Chambre des Pairs, après que lecture en a été faite dans la Chambre, sont imprimées, distribuées et transmises dans les bureaux par le président, pour y être discutées suivant la forme établie au chapitre VII. — (Voir articles 13, 65.)

= La commission proposait de supprimer dans cet article les mots : *après que la lecture en a été faite dans la chambre.* Ce changement qui se liait à un nouveau système d'examen et de discussion développé sur l'art. 43, a été rejeté par la chambre qui a maintenu l'ancien texte de son règlement. (Séance du 25.)

— A la séance du 15 janvier 1833, la chambre met en discussion, séance tenante, et immédiatement après l'avoir reçue, une proposition envoyée par la chambre des pairs, sur la loi du 19 janvier 1816, et repousse l'amendement que cette dernière y avait introduit.

— La chambre peut renvoyer à une seule et même commission deux projets de loi distincts, présentés par le même ministre. (Séances des 12 et 19 mai 1838.)— Il peut être voté, sur les deux projets renvoyés à la même commission, par un seul scrutin. (Séance du 18 juin 1838.)

— Lorsqu'un projet de loi adopté par la chambre des pairs est présenté à la chambre des députés, avec le projet primitif du gouvernement que l'autre chambre a écarté, il ne doit être donné acte que du projet adopté par la chambre des pairs, et ce projet seul doit être soumis à l'examen des bureaux. (Séance du 12 juin 1838.)

T. C. L. pages 62 à 78 , 79 , 91.

Art. 45. Le rapport de la commission nommée par les bureaux est lu à la chambre qui fixe le jour de la discussion.

Au jour fixé, la discussion est ouverte ; elle porte exclusivement sur le principe et l'ensemble du projet : le président consulte la chambre pour savoir si elle entend passer à la discussion des articles.

Si la chambre décide, par assis et levé, qu'elle n'entend point passer à la discussion des articles , il est voté au scrutin secret, et, si la décision est maintenue , le président déclare que la proposition de loi n'est pas adoptée.

Dans le cas contraire , la discussion continue et porte exclusivement sur chaque article de la proposition et sur les amendements qui s'y rapportent. — (Voir articles 28, 36, 37, 38, 44, 45, 46, 47, 48, 65, 66, 67, 68, 70.)

=Dans le système de la commission, la lecture des propositions et projets de loi devait avoir lieu d'abord dans les bureaux. Après l'examen des bureaux , la chambre devait fixer le jour où la proposition serait discutée en assemblée générale ; après cette discussion , elle devait voter sur le principe de la loi , et si son vote l'adoptait , elle nommait alors une commission dont le rapport préparait la discussion des articles. M. *Vivien* a expliqué dans son rapport les motifs qui avaient déterminé la commission à adopter ce système.

« Toute proposition de loi, dit-il dans ce rapport , doit donner lieu à un examen préjudiciel sur son principe et son ensemble. C'est une vérité incontestable et le règlement la reconnaît en au-

torisant une discussion générale qui doit comprendre ce double
objet. Mais il faut nécessairement que cette discussion soit suivie
d'un vote. Autrement elle n'a pas de résultat; la question préju-
dicielle n'étant point résolue définitivement, la discussion des articles se ressent du doute qui subsiste encore sur le principe même,
et d'ailleurs à quoi bon discuter ces articles si le principe ne doit
pas être admis. Le règlement exige pour les propositions des
députés qu'un vote d'ensemble précède la discussion des articles,
pourquoi n'en serait il pas de même des autres propositions et
que signifie cette discussion générale qui n'amène après elle aucune décision?

» Il faut donc un vote après la dicussion générale.

» Mais cette discussion précédera-t-elle la nomination de la
commission, ou ne viendra-t-elle qu'après, comme le prescrit le
règlement actuel?

» Nous pensons que la discussion générale doit précéder. Le
travail de la commission n'est pas indispensable à cette partie du
débat. Le principe et l'ensemble sont à la portée de tous les esprits. Tous ceux qui veulent étudier la proposition, peuvent se
faire, à cet égard, une opinion sans avoir besoin d'un rapport
préalable. Les commissions sont surtout utiles pour l'examen des
détails, pour les soins de la rédaction, pour la vérification des
faits; elles s'occupent, en général, beaucoup plus des questions
secondaires et d'applications que du principe même, et de l'ordre
ou de la forme des dispositions que de leur ensemble.

» Au contraire, la discussion générale est nécessaire au travail
de la commission. Elle révèle les sentiments de l'assemblée, ses
tendances, ses désirs; elle indique les points de vue généraux qui
agissent sur les esprits. Pour ce qui touche l'ensemble, elle fait
connaître les dispositions omises, celles qui paraissent hors de
leur place, et l'ordre général qui doit être adopté pour la meil-
leure distribution des articles.

» En ne nommant la commission qu'après la discussion générale, on obtient encore d'autres avantages. Tous les membres
qui conçoivent le désir de faire partie de la commission s'em-

pressent de prendre part à la discussion pour attirer l'attention et mériter la confiance des collègues qui devront les élire. Le débat reçoit de ces candidatures un intérêt nouveau et qu'il n'aurait point en leur absence ; il est public, d'ailleurs, et chacun peut y recueillir, sur-le-champ, l'honneur des propositions utiles qu'il fait, des idées justes qu'il exprime ; une louable émulation excite les esprits et entretient la controverse. — Nous pensons donc que la discussion générale doit précéder la formation de la commission, et nous vous proposons de le décider ainsi. »

Ce système a été combattu par plusieurs orateurs et notamment par M. *Legentil*, qui, admettant l'utilité de deux votes, le premier sur le principe de la loi, le second sur les articles, a demandé néanmoins que l'examen spécial de la commission et la lecture du rapport que celle-ci devait rédiger, précédassent la discussion générale ouverte sur le principe du projet.

Ainsi deux systèmes se sont trouvés en présence : l'un consistant à savoir si, après la discussion générale, il interviendrait un vote, lequel précéderait la discussion des articles ; l'autre consistant à savoir s'il serait nommé une commission, avant de procéder à la discussion générale, ou bien si la nomination de la commission suivrait la discussion.

Le débat s'est étendu sur ce terrain, et après avoir entendu les développements présentés par un assez grand nombre d'orateurs, la chambre a adopté le système proposé par M. Legentil.

Ainsi, la commission proposait comme premier paragraphe de l'article ci-dessus, la disposition suivante : « Après la discussion des bureaux, la chambre fixe le jour où la proposition sera discutée en assemblée générale. »

M. Legentil a proposé de le remplacer par le paragraphe qui commence l'art. 43, et il résulte de cette substitution que la discussion générale sera suivie d'un vote, mais que cette discussion et ce vote n'auront lieu qu'après la nomination de la commission et qu'après la lecture de son rapport. (Séance des 24 et 25.)

— La chambre peut autoriser qu'un rapport ne sera pas lu,

et dans ce cas il est seulement déposé sur le bureau pour être livré à l'impression; mais ce dépôt, sans lecture, ne peut avoir lieu de droit: il faut que la chambre soit consultée. (Séance du 27 mars 1838.)

— La chambre peut ordonner l'ajournement de la discussion d'un projet de loi, lorsque le gouvernement ne s'y oppose pas au moment même où cette discussion va commencer. (Séance du 23 avril 1834.)

— La chambre peut prononcer l'ajournement *motivé* d'une proposition qu'elle avait précédemment prise en considération. En faisant connaître ses motifs, la chambre ne prend pas d'engagement, elle ne lie pas non plus les autres pouvoirs, elle ne fait pas un article de loi : elle déclare sa propre pensée dans les termes qui lui conviennent. (Séance du 22 mars 1836.)

— La présence d'un commissaire du roi ne peut suppléer à celle d'un ministre; ainsi, la chambre a ajourné la discussion d'un projet de loi à cause de l'absence du ministre des finances et malgré la présence du commissaire du roi. (Séance du 4 avril 1834.) — (Voir T. C. L., pages 320 et 321.)

— On peut proposer des dispositions additionnelles à une loi en discussion, mais non à un article déjà voté: autrement on pourrait tout remettre en question. (Séance du 10 mars 1834.) — Lorsqu'un paragraphe additionnel est proposé, il faut mettre aux voix l'article après lequel il doit venir, avant que la disposition additionnelle soit développée. (Séance du 22 mars 1834.)

T. C. L, pages 152, 155, 260.

ART. 44. Les amendements sont rédigés par écrit et remis au président.

Lorsqu'un amendement n'a pas été communiqué à la commission vingt-quatre heures à l'avance, il lui est renvoyé de droit, si elle le demande.

— Cet article contenait un paragraphe qui interdisait les discours écrits dans la discussion des articles.—Après avoir entendu M. Ducos, qui en a demandé la suppression , la chambre en a voté le rejet. (Séance du 25.)

T. C. L., pages 152 à 159)

ART. 45. Le président fait imprimer les amendements avec les noms des proposants, et les fait distribuer aux membres de la chambre, si la discussion est renvoyée au lendemain.

T. C. L., pages 260, 261.

ART. 46. La chambre ne délibère sur aucun amendement si, après avoir été développé, il n'est appuyé.

= Ce texte est celui de l'ancien règlement.—La commission proposait au contraire de dire : « Aucun amendement n'est développé par son auteur, ni mis en délibération, s'il n'est appuyé. » En soutenant cette rédaction nouvelle, M. le rapporteur s'est basé sur un inconvénient qui s'est souvent produit. Des amendements, dit-il, étaient développés qui n'étaient appuyés par personne après leur développement, et l'orateur usant du droit qu'il avait de développer son amendement, occupait longtemps la tribune dans un intérêt qui n'était pas celui de la discussion.

Après avoir entendu contre cette proposition, *MM. Liadières* et *Saint-Marc-Girardin*, la chambre l'a rejetée. On a considéré que l'auteur d'un amendement ne pouvait être privé du droit de le développer, c'est-à-dire de l'expliquer et de le justifier. (Séance du 25.)

— Un amendement dont l'auteur est absent ne peut être soumis à la chambre à moins qu'il ne soit repris par un autre membre qui, se charge de le développer et de le soutenir. (Séance des 10 mai 1833 et 25 janvier 1839.)

— Lorsqu'un amendement est divisé en paragraphes correspondants aux paragraphes du projet de loi en discussion, chaque paragraphe doit être voté isolément. (Séance du 22 janvier 1855.)

— A la séance du 6 juin 1853, la chambre, après avoir voté l'adoption d'un article additionnel, revient sur ce vote qui, suivant le ministre du commerce, aurait eu lieu par surprise. L'article est de nouveau mis en débat, et mis aux voix, il est modifié dans sa teneur définitive.

ART. 47. Après le vote des articles, il est procédé au scrutin secret sur l'ensemble de la proposition.

Lorsque des amendements ont été adoptés, la chambre peut ordonner, après le vote des articles, le renvoi du projet à la commission pour qu'elle le revise et coordonne, avant qu'il soit soumis à la lecture qui, dans ce cas, doit preceder le vote de l'ensemble.

Le travail de la commission est imprimé et distribué vingt-quatre heures au moins avant la lecture, à moins de décision contraire de la chambre.

Lors de cette lecture, aucune question nouvelle, ou déjà résolue par la chambre, ne peut être agitée, et aucun amendement n'est mis en délibération, s'il ne porte exclusivement sur la rédaction.

=Le troisième paragraphe de cet article a été introduit sur la demande de MM. Chasseloup-Laubat et Lacave-Laplagne, ministre des finances.

M. Chasseloup-Laubat a fait valoir qu'il ne fallait pas donner à la commission le droit, sous prétexte de changer la rédaction, de modifier le moins du monde le principe. « Eh bien ! dit-il, il serait impossible, à la simple lecture, que la chambre pût comprendre si la commission s'est renfermée dans ces limites. » —

M. Lacave-Laplagne a demandé la réserve spéciale qui termine le paragraphe, parce qu'il peut arriver telle circonstance où le vote d'une loi serait urgent et où il y aurait inconvénient réel à différer de vingt-quatre heures. (Séance du 25.)

— La chambre doit voter au scrutin secret, même sur les lois dont chacun des articles, ou dont l'ensemble a été rejeté au vote par assis et levé. (Séances des 5 mai 1854, 24 janvier 1855, 15 juin 1837.)

— Le quatrième paragraphe de l'article rend aujourd'hui sans valeur une décision du 3 mars 1834, statuant qu'on ne peut présenter des rédactions nouvelles sur des articles adoptés.

— La chambre peut ordonner la rectification d'une erreur existant dans un projet de loi adopté dans une précédente séance. (Séances des 24 mars 1835, 12 juillet 1836, 20 janvier et 12 juin 1857.)—Cette rectification peut avoir lieu par une mention, faite dans son procès-verbal, des erreurs qui se seraient introduites soit dans la rédaction de la loi, soit dans le vote qu'elle aurait émis à une précédente séance.—Un extrait de ce procès-verbal doit être alors transmis à la chambre des pairs. (Séances du 18 janvier, du 8 février 1835, du 24 mars et du 28 août 1855.)

T. C. L., pages 157, 179 à 192.

Art. 48. La proposition de la loi de finances et celle de la loi des comptes, renvoyées à la commission nommée conformément à l'article 75, ne donneront lieu qu'au vote qui suivra la discussion des articles.

— Il convient que le budget général de l'État soit présenté dans son ensemble et non par parties détachées. Toutefois, à la séance du 25 janvier 1838, la chambre décide qu'il sera envoyé à l'examen des bureaux, avant la complete production des développements; mais à la séance du 30 janvier 1839, elle décide au contraire qu'on ne peut pas renvoyer le budget à l'examen des bureaux tant qu'il n'a pas été complétement distribué à la chambre.

— La chambre ne vote pas par un scrutin séparé sur le budget de chaque ministère; elle statue par un scrutin d'ensemble; 1° sur la loi des dépenses; 2° sur la loi des recettes. (Séance du 19 février 1833.)

CHAPITRE V.

DES PROPOSITIONS FAITES PAR UN MEMBRE DE LA CHAMBRE.

ART. 49. Chaque membre qui voudra faire une proposition la signera et la déposera sur le bureau pour être communiquée, par les soins du président, dans les bureaux de la chambre. Si trois bureaux au moins sont d'avis que la proposition doit être développée, elle sera lue à la séance qui suivra la communication dans les bureaux.

Le président de chaque bureau transmettra l'avis de son bureau au président de la chambre. (Voir articles 14, 65.)

— L'auteur d'une proposition peut se borner à demander la nomination d'une commission pour la révision du règlement, sans être obligé de formuler les modifications qu'il juge nécessaire d'y apporter. (Séances des 18 et 26 mars 1836.) —Une telle proposition doit suivre d'ailleurs toutes les formes prescrites pour les autres propositions faites par des membres de la chambre. (Séance du 26 janvier 1835.)

— L'article 17 de la Charte ne s'oppose pas à ce que la chambre s'occupe d'une proposition ayant le même objet qu'un projet de loi présenté et retiré par le gouvernement pendant la session courante. (Séance du 9 février 1835.)

— Le droit d'initiative des membres de la chambre reste dans son entier, quoique le gouvernement annonce la présentation d'un projet de loi sur les mêmes matières. (Séance du 25 mars 1835.)

T. C. L., pages 80 à 90, 257.

ART. 50. Après la lecture de la proposition, suivant l'ordre dans lequel elle a été déposée, le membre proposant annoncera le jour où il désire être entendu.

Au jour que la chambre aura fixé, il exposera les motifs de sa proposition.

ART. 51. Si la proposition est appuyée, la discussion est ouverte sur le principe et l'ensemble de la proposition, et le président consulte la chambre pour savoir si elle prend en considération la proposition qui lui est soumise, si elle l'ajourne ou si elle déclare qu'il n'y a pas lieu à délibérer.

T. C. L., page 258.

ART. 52. Si la chambre déclare qu'il n'y a pas lieu à délibérer, la proposition ne pourra être représentée dans la même session.

ART. 53. Si la chambre l'ajourne, la proposition ne pourra être reproduite dans la session qu'en se soumettant aux formes établies pour les propositions nouvelles.

ART. 54. Si la chambre décide qu'elle prend la proposition en considération, cette proposition est imprimée, distribuée et renvoyée à chacun des bureaux, qui la discutent et nomment un membre de la commission chargée de faire un rapport à la chambre, le tout suivant les formes établies au chapitre VII. — (Voir articles 65, 68.)

— L'auteur d'une proposition qui a été prise en considération peut exiger qu'elle soit soumise à l'examen d'une commission spéciale : son droit n'est pas infirmé par l'annonce de la prochaine présentation d'un projet du gouvernement sur la même matière. (Séance du 25 mars 1835.)

T. C. L., page 259.

ART. 55. Après le rapport de cette commission, la discussion s'engage, et il est procédé dans les formes établies par les articles 43, 44, 45, 46 et 47.

T. C. L., page 259.

ART. 56. Quoique la discussion soit ouverte sur une proposition, celui qui l'a faite peut la retirer : mais, si un autre membre la reprend, la discussion continue.

T. C. L., pages 90, 91 à 95, 261.

CHAPITRE VI.

DISPOSITIONS COMMUNES A TOUTES LES PROPOSITIONS DE LOI.

ART. 57. Le résultat des délibérations de la chambre sur les projets de loi, les résolutions de la chambre des pairs et les propositions des députés, est proclamé par le président en ces termes : La chambre a adopté, ou la chambre n'a pas adopté. — (Voir articles 42, 49.)

— T. C. L., page 262.

ART. 58. Toute proposition qui aura été adoptée sera appelée Résolution de la Chambre.

ART. 59. Hors le cas de dissolution de la chambre ou d'expiration du pouvoir de ses membres, les travaux législatifs commencés et interrompus par la clôture de la session pourront, à la session suivante, être repris dans l'état où ils sont restés.

Cette faculté, applicable seulement aux projets sur lesquels un rapport aura été fait, sera exercée en vertu d'une décision de la chambre, prise sur la demande d'un de ses membres.

— En cas de reprise d'un projet de loi, la commission qui, dans la session précédente, avait été chargée de l'examiner, peut être autorisée à reprendre ses fonctions. Mais pourrait-elle les continuer *de droit?* Cette question a été agitée, mais non résolue, à la séance du 18 janvier 1856. — Deux précédents existent qui sembleraient cependant l'avoir décidée : ainsi la chambre a statué, les 10 et 12 janvier 1854, qu'en cas de reprise d'un projet de loi rapporté dans une précédente session, la commission qui l'avait examiné devait continuer ses fonctions et qu'il y avait lieu seulement à remplir les vacances. Le 27 mars 1837, elle décida encore que, dans le cas de reprise d'un projet, la commission pouvait se réunir de nouveau et présenter un supplément à son premier rapport.

— La reprise d'une enquête ordonnée à une précédente session implique la continuation des pouvoirs des membres de la commission d'enquête. (Séance du 18 janvier 1856.)

— Un projet de loi présenté par le gouvernement et repris sur la proposition d'un membre de la chambre peut être retiré par ordonnance royale. (Séance du 9 mars 1856.)

T. C. L., page 262.

Art. 60. Les rapports des commissions et les développements des propositions prises en considération sont imprimés aux frais de la chambre.

Elle peut aussi ordonner, si elle le juge utile, l'impression des documents qui lui sont communiqués. — (Voir articles 17, 76, 90.)

— La chambre est en droit d'exiger que les discours prononcés à la tribune par les ministres soient imprimés sans retard et publiés dans le *Moniteur* du lendemain du jour où ils ont été prononcés. (Séance du 20 mai 1833.)

— La chambre ne fait pas imprimer séparément les rapports sur les pétitions.

CHAPITRE VII.

DES BUREAUX ET COMMISSIONS.

Art. 61. Au commencement de chaque session, la chambre se partage en neuf bureaux, composés chacun, autant qu'il sera possible, d'un nombre égal de députés. — (Voir articles 5, 62 et suiv., 72, 73, 77, 80, 81, 85, 103.)

— T. C. L., pages 97 à 101, 124 à 130, 263.

Art. 62. Ces bureaux sont formés par la voie du sort, et désignés par les numéros 1, 2, 3, etc.

T. C. L., pages 101 à 105.

Art. 63. Chaque bureau nomme, à la majorité absolue, son président et son secrétaire.

=Au lieu de cet article, *M. Dessaigne* a proposé la disposition suivante : « Le doyen d'age préside le bureau, le député moins « âgé remplit les fonctions de secrétaire.» M. Dessaigne a fait valoir à l'appui de cet amendement qu'à chaque tirage, les opinions politiques divisent les bureaux sur ces choix ; on ne nomme pas le meilleur président, on cherche à faire prévaloir le choix qui assure le triomphe de son opinion. Cette division se perpétue, elle se porte même sur les lois qui n'ont aucun caractère politique. Les fonctions de président et de secrétaire se réduisent à si peu de chose, que l'on peut, sans danger, s'en rapporter à l'âge pour les conférer.

Plusieurs membres et M. le rapporteur de la commission se sont accordés à combattre cet amendement. «Nous croyons, a dit M. *Vivien*, que la pensée de l'amendement est contraire à l'institution de la chambre, contraire à notre caractère politique, contraire au désir que vous devez avoir d'entretenir parmi vous la vie politique..... Si vous considérez les bureaux comme quelque chose de sérieux, si vous voulez qu'on y fasse un travail véritablement profitable aux intérêts du pays, ils faut qu'ils soient présidés par une main assez ferme pour diriger la discussion et pour l'empêcher de s'égarer... » — L'amendement n'a pas été adopté. (Séance du 26.)

T. C. L., pages 106, 265.

Art. 64. Le renouvellement des bureaux a lieu chaque mois, par la voie du sort.

T. C. L., page 266.

ART. 65. Chaque bureau discute séparément les propositions qui lui sont transmises par la chambre, ainsi qu'il est dit ci-dessus.

La discussion ne pourra s'ouvrir au plus tôt que 24 heures après la distribution.— (Voir articles 42, 49, 70.)

T. C. L., pages 106, 266.

ART. 66. Lorsque la discussion est terminée, chaque bureau, à la majorité absolue, nomme, s'il y a lieu, un membre de la commission qui sera chargée de faire un rapport à la chambre, conformément aux articles 43 et 54. — (Voir articles 71, 73, 77.)

= *M. Legentil* a demandé la suppression des mots : *S'il y a lieu.* — M. le rapporteur a répondu : « L'art. 65 dit que chaque bureau discute les propositions qui lui sont transmises. Quand il s'agit d'une proposition de député, le bureau décide s'il y a lieu d'en autoriser la lecture. Dans ce cas-là, il n'y a pas lieu de nommer une commission. Les mots *s'il y a lieu* doivent donc être conservés. » (Séance du 26.)

— On ne peut augmenter le nombre habituel des membres des commissions que par suite d'une proposition spéciale, modifiant le règlement et faite selon les formes voulues pour toutes les propositions parlementaires. (Séance du 1 décembre 1834.)

= La chambre a quelquefois discuté séance tenante des projets de loi sur lesquels il venait d'être fait rapport. (Séances des 26 septembre 1851, 8 et 11 avril 1852.)

— Décidé au contraire, lorsqu'une loi est très importante, que la chambre peut augmenter le nombre des membres qui composent ordinairement les commissions. (Séances des 9 octobre 1850; 15 février et 21 mars 1858.)

T. C. L., pages 108, 140 à 143, 266 à 268.

Art. 67. Lorsque les deux tiers des bureaux ont fait cette nomination, les commissaires nommés se réunissent et discutent ensemble.

T. C. L., pages 111, 112, 115 à 120, 267.

Art. 68. Avant que la commission soit nommée, la chambre peut, sur la proposition d'un membre, décider que cette nomination sera faite par scrutin de liste et à la majorité relative, soit en assemblée générale soit dans les bureaux.

Cette décision est prise par assis et levé, sans débat.

Dans le cas où l'opération est renvoyée aux bureaux, les scrutins sont ouverts; chaque bureau fait le dépouillement du sien; le recensement général est opéré par le premier bureau et transmis au président qui proclame le résultat.

La chambre peut aussi, si elle le juge convenable, renvoyer à une commission déjà formée l'examen des propositions qui lui sont soumises. — (Voir articles 54, 85.)

— La décision doit être prise par assis et levé et sans débat. Dans le cas où le scrutin secret serait demandé, cette disposition s'opposerait-elle à ce qu'il fût accueilli? Les termes formels de l'art. 34 nous paraissent résoudre cette question et devoir faire admettre le scrutin secret.

— Dans le cas du dernier paragraphe de cet article, la commission, saisie de l'examen de deux ou plusieurs projets, peut-elle ne faire qu'un seul rapport sur tous ces projets, ou bien ceux-ci doivent-ils faire l'objet d'un rapport spécial? Des précédents ont décidé qu'une commission ne pouvait réunir deux projets distincts en un seul, pour en faire l'objet d'un rapport unique. Voir T. C. L., pages 119 et 268. — Il y a cependant un précédent contraire qui s'est établi durant la session de 1830. La loi du 22 mars 1831, sur la garde nationale, a été présentée en trois projets séparés. La commission a réuni ces projets en un seul acte, et M. Ch. Dupin, rapporteur, en a fait l'objet d'un rapport unique, à la séance du 5 décembre 1830. La chambre les a discutés et délibérés comme une seule loi. (Séances du 11 décembre 1830 au 6 janvier 1831).

— La chambre peut décider qu'une commission sera composée de dix-huit membres, lorsqu'il s'agira d'examiner un projet de loi important, tel qu'un projet sur les chemins de fer, sur les crédits extraordinaires pour l'Algérie ; mais dans ce cas sont inéligibles à cette commission ceux qui déjà font partie de deux commissions. (Séances des 15 février et 21 mars 1858.)

T. C. L., pages 111, 136 à 140.

ART. 69. Les bureaux sont tenus, pour l'ordre de leurs travaux, de se conformer aux ordres du jour arrêtés par la chambre. — (Voir article 18.)

ART. 70. La commission nomme à la majorité absolue un rapporteur qui fait à la chambre un rapport, lequel sera imprimé et distribué au moins vingt-quatre heures avant la discussion qui aura lieu en assemblée générale. — (Voir articles 43, 54, 65.)

==*M. Stourm* proposait sur cet article un paragraphe additionnel ainsi conçu : « Le rapport doit être présenté dans les quinze « jours qui suivront la nomination de la commission. A l'expira- « tion de ce délai, si le rapport n'est pas fait, elle en demande « à la chambre un nouveau » M. le rapporteur s'est opposé à l'admission de cet amendement. Il a fait valoir que c'était à la sollicitude du président et au zèle du rapporteur à faire en sorte que les travaux de la chambre n'éprouvassent pas les retards fâcheux signalés par M. Stourm. (Séance du 26.)

— Il peut être dérogé à la disposition réglementaire qui exige un intervalle de vingt-quatre heures entre la distribution du rapport et l'ouverture de la discussion. (Séance du 22 février 1837.)

— La chambre a quelquefois voté sur des projets de loi sans que les rapports eussent été imprimés à l'avance; elle a même fixé l'ouverture de certaines discussions avant la distribution des rapports. (Séance du 23 avril 1834.)

— Le consentement de la chambre est nécessaire pour qu'une commission qui a déposé son rapport puisse s'en saisir de nouveau pour y faire des changements. (Séance du 21 mars 1838.)

T. C. L., pages 120 à 123, 124 à 140, 268.

Art. 71. L'auteur d'une proposition ne pourra être membre de la commission chargée de l'examiner. Il aura le droit d'assister aux séances de cette commission, sans voix délibérative. — (Voir article 66.)

═ L'ancien règlement n'interdisait pas à l'auteur d'une proposition de faire partie de la commission chargée de l'examiner. Lorsqu'il n'avait pas été nommé à cette commission, il avait le droit d'assister à ses séances, mais comme ci-dessus sans voix délibérative. *M. Vivien,* dans son rapport, a motivé ce changement sur les considérations suivantes : « Avec l'usage qui s'est introduit de déposer des propositions signées par plusieurs membres, avec la forme de la nomination des commissaires par bureaux, il pourrait arriver que les signataires fussent en majorité dans la commission et qu'ainsi la proposition eût pour juges ses propres auteurs ; sans contredit un pareil résultat ne peut être autorisé. »

Art. 72. Une commission spéciale de neuf membres, nommée au commencement de la session et pour toute sa durée, sera chargée de l'examen des lois relatives à des intérêts communaux ou départementaux. — (Voir article 55.)

Art. 73. Une commission spéciale de dix-huit membres sera chargée de l'examen de la loi des comptes.

Une autre commission sera chargée de l'examen de la loi des dépenses et de celle des recettes de l'état; cette commission portera le nom de commission du budget.

Elle sera composée de deux membres nommés par chacun des bureaux de la chambre; en tout, dix-huit membres.

Elle pourra se diviser en autant de sections qu'elle le jugera convenable. — (Voir articles 66, 74.)

=*M. Demarçay* a proposé de remplacer cet article et le suivant par un amendement dont la combinaison consistait à scinder le budjet en autant de parties qu'il y a de ministères et à en renvoyer l'examen à des commissions spéciales et distinctes. Cet amendement a été combattu par MM. Lepelletier d'Aunay , Dubois et Lacave-Laplagne. M. Demarçay a déclaré ensuite le retirer. (Séance du 28.)

T. C. L. , page 270.

Art. 74. La commission du budget présentera un rapport sur l'ensemble de la loi des dépenses et un rapport sur la loi des recettes.

Art. 75. Il sera voté par un scrutin séparé , sur chacune des lois des comptes , des dépenses et des recettes. — (Voir article 34.)

— Le budget se vote par chapitres et non par articles , à moins que ceux-ci ne soient l'objet d'un amendement. Les lois sur les crédits supplémentaires doivent au contraire être votées par articles. (Séances des 21 avril et 5 mai 1834.)

— La chambre ne vote pas sur les spécialités dont se compose l'état général annexé à l'article 1er du budget des recettes. (Séance du 19 mai 1834.)

Art. 76. Les pièces et documents qui serviront à l'examen des lois de finances, seront toujours déposés aux archives de la chambre, afin que les membres puissent, au besoin, en prendre communication. — (Voir articles 17, 60, 90.)

— La chambre a droit d'obtenir communication des traités et pièces diplomatiques qui se rapportent à un projet de loi dont elle est saisie. (Séances des 7, 12 et 13 février 1833.) — Voir en outre la séance du 12 janvier 1839, discours de MM. Thiers et Guizot.)

— Les plans qui sont produits à l'appui d'un projet de loi, sont acquis à la chambre et doivent être déposés à ses archives. (Séance du 3 mai 1834.)

T. C. L., page 76.

ART. 77. Aucun membre de la chambre faisant partie de deux commissions nommées en exécution de l'article 66, ne pourra être nommé par les bureaux pour faire partie d'une troisième, jusqu'à ce que l'une des deux ait fait son rapport et l'ait déposé sur le bureau de la chambre. — (Voir articles 66, 68.)

— Cette règle ne doit pas s'appliquer au cas où il s'agit de nommer les membres d'une commission permanente, non plus que des commissions chargées de l'examen des lois de finances, des comptes, ou qui sont nommées au scrutin par la chambre. (Rapport de M. Vivien.)

— Mais elle doit s'appliquer au cas où la chambre déciderait qu'en raison de l'importance d'un projet, le nombre des commissaires sera augmenté. (Séances du 13 février et 21 mars 1838.)

T. C. L., pages 109, 274.

CHAPITRE VIII.

DES PÉTITIONS.

Ce chapitre, dans le projet de la commission, commençait par l'article suivant : « Aucune pétition ne pourra être reçue et « ne pourra être l'objet d'un rapport, si elle n'est déposée par un « membre, ou si la signature du pétitionnaire n'est dûment légali- « sée par le maire de son domicile. — Le nom du membre qui « aura fait le dépôt sera inscrit en marge de la pétition. »

M. *Odilon Barrot* a le premier attaqué cette disposition. Tout en reconnaissant que la commission a voulu apporter un remède à l'abus des pétitions dont l'origine n'est pas certaine et qui peuvent être injurieuses, il pense que ce serait porter une atteinte grave au droit de pétition que d'interdire d'une manière absolue l'accès de la tribune à une pétition, parce qu'elle ne serait pas recommandée par un député. Quant à la formalité de la légalisation, le mauvais vouloir d'un maire peut paralyser l'exercice d'un droit sacré; et d'ailleurs pour une pétition couverte de cent mille signatures faudra-t-il cent mille légalisations?

A ces objections renouvelées et développées par plusieurs autres membres, M. le rapporteur a répondu qu'il n'y avait point là d'atteinte au droit de pétition; pour toutes les pétitions d'intérêt général, et ce sont celles qui réunissent beaucoup de signatures, il se trouvera toujours un membre disposé à s'en charger. Pour les autres, la légalisation du maire ne sera jamais refusée, et d'ailleurs il y a des moyens légaux d'obtenir cette légalisation. Ce que la commission a voulu, c'est écarter les pétitions pseudonymes, c'est être certaine que quand une pétition est adressée à la chambre, elle l'est par un pétitionnaire sérieux et réel.

Malgré ces raisons, et après un débat dans lequel la question, examinée sous ses diverses faces, a été judicieusement approfondie par plusieurs membres, la chambre a rejeté l'article proposé. Il lui a paru que les dispositions qui terminent l'article 81 ci après, étaient une garantie suffisante, et, qu'aller plus loin, ce serait excéder les conditions posées par l'article 45 de la charte. (Séance du 26)

ART. **78.** Toutes les pétitions, dans l'ordre de leur arrivée, seront inscrites sur un rôle général contenant le numéro d'ordre de la pétition, le nom du pétitionnaire et l'indication sommaire de l'objet de la demande.

Ce rôle sera imprimé et distribué à la chambre par les soins du président. — (Voir article 14.)

— Le règlement ne permet pas de renvoyer les pétitions d'une session à la session suivante. (Séance du 13 juin 1835.)

T. C. L., pages 239, 240.

ART. **79.** Les pétitions inscrites sur le rôle seront renvoyées à la commission des pétitions, où tous les députés pourront en prendre communication. Néanmoins, celles qui auront pour objet un projet de loi présenté à la chambre et soumis à l'examen d'une commission, seront directement renvoyées à cette commission par le président de la chambre.

T. C. L., pages 239, 240.

ART. **80.** Chaque bureau nomme, à la majorité absolue, un de ses membres pour former la commission chargée de l'examen et du rapport des pétitions.

34

ART. 81. Cette commission, composée de neuf membres, est renouvelée tous les mois ; elle rend compte des pétitions selon l'ordre de leur inscription au rôle général. Néanmoins, les pétitions appuyées par un membre auront toujours la priorité sur les autres.

Quand il y aura plusieurs recommandations, a demandé M. *Barada*, comment fera-t-on? Il a été répondu qu'on volerait par division. (Séance du 28.)

T. C. L., page 275.

ART. 82. La commission sera tenue de faire, chaque semaine, un rapport au moins sur les diverses pétitions qui lui seront parvenues.

Un feuilleton, distribué trois jours au moins avant celui où le rapport doit être fait, indiquera le nom et le domicile du pétitionnaire, l'objet sommaire de la pétition et son numéro d'inscription au rôle général.

CHAPITRE IX.

DÉPUTATIONS ET ADRESSES

ART. 83. Les députations sont nommées par la voie du sort. Le nombre des membres qui les composent est déterminé par la chambre.

T. C. L., page 274.

ART. 84. Le président, deux vice-présidents et deux

secrétaires en font toujours partie. Le président porte la parole.

ART. 85. Les projets d'adresse au roi sont rédigés par une commission composée du président et de neuf membres de la chambre nommés par les bureaux.

Ces projets, avant d'être soumis à l'approbation de la chambre, sont communiqués dans les bureaux et transcrits aux procès-verbaux dès qu'ils sont approuvés par la chambre. La réponse du roi est lue en séance publique, et transcrite comme il vient d'être dit. — (Voir articles 12, 61, 65.)

=Sur le premier paragraphe de cet article, M. *Vatout* a proposé l'amendement suivant : « Les projets d'adresse au roi sont rédi-« gés par une commission composée du président et de huit « membres de la chambre nommés au scrutin en assemblée gé-« nérale. » M. Vatout expose que, par cet amendement, il veut faire cesser l'inconvénient qui résulte d'une nomination de commissaires faite par les bureaux, mode qui, suivant lui, ne donne jamais qu'une majorité factice. Pour que l'adresse soit l'expression réelle de la majorité, il faut, dit M. Vatout, que la commission de l'adresse soit nommée comme le président lui-même, qui est aussi l'expression de la majorité. Le but avoué de son amendement est d'empêcher tout membre de l'opposition d'entrer dans la commission de l'adresse.

M. *Vivien* combat et l'amendement et la doctrine sur laquelle l'auteur le fait reposer. Suivant M. le rapporteur, dans le système de la commission, la chambre pourrait, aux termes de l'art. 68 du nouveau règlement, se réserver la faculté de nommer elle-même en assemblée générale la commission de l'adresse au lieu d'en renvoyer la nomination aux bureaux; mais alors cette nomination aurait lieu au scrutin de liste et à la majorité relative, ce qui assurerait à la minorité une représentation proportionnée à ses forces réelles. Dans le système de l'amendement au contraire, l'opposition serait frappée d'exclusion absolue; et M. le rapporteur pense qu'un tel système n'est conforme ni à l'intérêt de la justice ni à celui du gouvernement.

L'amendement de M. Vatout, combattu encore par MM. Janvier et Piscatory, et soutenu seulement par son auteur, n'a pas été adopté par la chambre.

M. le président fait observer que l'article 75 de l'ancien règlement (article 85 ci-dessus), subsiste et conserve toute sa force, et que, par conséquent, le choix des commissaires de l'adresse ne sera point assujetti à l'alternative posée dans l'article 68 du nouveau règlement; qu'ils continueront à être élus par les bureaux, suivant le mode actuel. (Voir le *procès-verbal* de la séance du 28 janvier.)

T. C. L., page 53 à 61, 275.

CHAPITRE X.

PROCÈS-VERBAUX.

Art. 86. Deux rédacteurs, pris hors de la chambre, sont chargés de rédiger les procès-verbaux et le feuilleton, sous la surveillance du bureau. Ils sont nommés par la chambre sur une liste triple de candidats présentée par le président, les vice-présidents, les secrétaires et les questeurs. — (Voir articles 59, 89, 91, 95.)

T. C. L., page 276.

Art. 87. Le travail des procès-verbaux est placé sous la direction du président de la chambre : les employés du bureau chargé de ce travail doivent être agréés par lui. — (Voir article 14.)

Art. 88. Les procès-verbaux, tant des séances publiques que des comités secrets, immédiatement après que la rédaction en est adoptée, sont mis au net et signés du président qui a tenu la séance et de deux secrétaires au moins. Ils sont ensuite transcrits sur deux registres, signés par le président et deux secrétaires. — (Voir articles 14, 17.)

— **A la séance du 8 avril 1833, il a été donné lecture,** *en séance publique,* du procès-verbal d'un comité secret tenu la veille.

Art. 89. Les rédacteurs surveillent les copies des procès-verbaux des séances publiques, les envoient à l'imprimeur de la chambre, dans les vingt-quatre heures, et en corrigent les épreuves. Ils exercent la même surveillance et prennent les mêmes soins pour les procès-verbaux des séances secrètes, quand la chambre en ordonne l'impression. — (Voir articles 86, 99.)

Art. 90. Les procès-verbaux sont distribués à chaque membre de la chambre, ainsi que toutes les pièces dont elle a ordonné l'impression. — (Voir articles 17, 60, 76.)

Art. 91. Les rédacteurs surveillent les commis attachés au bureau des procès-verbaux. L'un des deux en est nommé chef par le président, si la place de chef de ce bureau vient à vaquer.

Art. 92. La charte constitutionnelle, les lois sur les élections et le règlement sont imprimés et distribués à tous les membres de la chambre à l'ouverture de chaque session.

CHAPITRE XI.

MESSAGERS D'ÉTAT.

Art. 93. Deux messagers sont nommés de la même manière que les rédacteurs des procès-verbaux. Ils sont tenus de se trouver à chaque séance. Lorsque l'envoi d'un messager est jugé nécessaire, l'un d'eux, appelé par l'ordre du président, reçoit, au bas de la balustrade, des mains d'un secrétaire, la dépêche scellée du sceau de la chambre. — (Voir articles 14, 16, 59, 86, 95.)

Art. 94. Deux huissiers précèdent le messager d'état et l'accompagnent au lieu de sa destination. Il remet à l'un des secrétaires le récépissé qui constate la remise de la dépêche. — (Voir article 96.)

Art. 95. Les rédacteurs et les messagers d'état ne sont révocables que par la chambre, sur la proposition du président et des questeurs. — (Voir articles 86, 93.)

CHAPITRE XII.

HUISSIERS.

Art. 96. Douze huissiers sont attachés à la chambre pour son service. Ils sont nommés par le président et les

questeurs, et révocables par eux. — (Voir articles 9,
14, 94.)

ART. 97. Deux au moins de ces huissiers se tiennent,
pendant les séances, dans les tribunes qui leur sont assi-
gnées, et y maintiennent l'ordre.

CHAPITRE XIII.

SECRÉTARIAT DE LA QUESTURE, BIBLIOTHÈQUE, COMPTABILITÉ ET ARCHIVES.

ART. 98. Il y a un secrétaire général de la questure,
nommé par le président, les vice-présidents et les questeurs ; il n'est révocable que par eux, conjointement avec
la commission de comptabilité. — (Voir articles 7, 8, 9,
14, 99, 103.)

ART. 99. Les attributions du secrétaire général sont :
la garde du sceau, les renseignements qui intéressent la
chambre ou ses membres ; le dépôt de la correspondance
relative à la chambre, la formation des listes, l'expédi-
tion des impressions ordonnées, les passeports et certifi-
cats de vie, l'envoi des bulletins aux membres, le relevé
des décès et démissions, et autres objets relatifs à tous les
détails de l'administration de la questure.

Le trésorier de la chambre nommé, comme le secrétaire général de la questure, par le président, les vice-présidents et les questeurs, n'est aussi révocable que par eux,

conjointement avec la commission de comptabilité. Il est en même temps chef du bureau des archives. — (Voir article 98.)

Art. 100. La bibliothèque de la chambre reste sous la surveillance des questeurs. Le bibliothécaire, en cas de vacance, est nommé de la même manière que les rédacteurs et les messagers d'état, sur une présentation de trois candidats. — (Voir articles 59, 86, 95.)

=La commission proposait ici de placer la bibliothèque sous la surveillance des questeurs et sous la direction d'une commission composée du président et de quatre membres nommés au scrutin par la chambre, au commencement de chaque session.

Cette disposition, combattue par M. *Delaborde*, l'un des questeurs, n'a pas été adoptée. (Séance du 28.)

CHAPITRE XIV.

CONGÉS ET PASSEPORTS.

Art. 101. Nul député ne peut s'absenter sans un congé de la chambre.

— Un député ayant été accusé de corruption, la chambre n'a pas jugé cette circonstance suffisante pour que le membre accusé pût s'abstenir de siéger; elle a même refusé de lui accorder un congé à cet effet. (Séance du 6 février 1857.)

— Elle a également refusé un congé demandé par l'un de ses membres, afin que celui-ci pût se livrer à ses fonctions d'inspecteur général des études. (Séance du 17 mai 1855.)

T. C. L. page 278.

Art. 102. Les passeports ne peuvent être accordés, pendant la session, qu'à un membre qui a obtenu un congé. Le président peut néanmoins, en cas de nécessité absolue, faire expédier un passeport, et il en rend compte à la chambre.

CHAPITRE XV.

DE LA COMPTABILITÉ.

Art. 103. Il y a une commission de neuf membres chargée de l'examen de la comptabilité des fonds administratifs. — (Voir articles 61, 98.)

T. C. L., page 280.

Art. 104. — Au commencement de la session, chaque bureau nomme, à la majorité absolue, un de ses membres pour former cette commission.

Art. 105. Elle vérifie et apure tous les comptes, même les comptes antérieurs non réglés ; elle fait un récolement général du mobilier appartenant à la chambre, quelle qu'en soit ou quelle qu'en ait été la destination. La commission, sur la proposition des questeurs, déterminera le budget de la chambre, et le soumettra à son approbation. — (Voir article 9.)

Art. 106. Avant la clôture de la session ; la commission fera connaître à la chambre le résultat de son travail.

CHAPITRE XVI.

DE LA POLICE DE LA CHAMBRE.

ART. 107. La police de la chambre lui appartient. Elle est exercée en son nom par le président qui donne à la garde de service les ordres nécessaires. — (Voir article 14.)

ART. 108. Nul étranger ne peut, sous aucun prétexte, s'introduire dans l'enceinte où siégent les membres de la chambre.

T. C. L., page 281.

ART. 109. Pendant tout le cours de la séance, les personnes placées dans les tribunes se tiennent assises, découvertes et en silence.

ART. 110. Toute personne qui donne des marques d'approbation ou d'improbation est sur-le-champ exclue des tribunes par les huissiers chargés d'y maintenir l'ordre.

ART. 111. Tout individu qui trouble les délibérations est traduit sans délai, s'il y a lieu, devant l'autorité compétente.

ART. 112. Les trois articles précédents sont imprimés et affichés à chaque porte des tribunes.

TABLE.

TRAITÉ DE LA CONFECTION DES LOIS.

PREMIÈRE PARTIE.